JN273277

世界遺産◎考古学ミステリー

メサ・ヴェルデのひみつ

古代プエブロ人の岩窟住居

ゲイル・フェイ=著　ベンジャミン・R・クラハト=指導

六耀社

ARCHAEOLOGICAL MYSTERIES series
Secrets of Mesa Verde: Cliff Dwellings of the Pueblo
By GAIL FAY
ⒸCapstone Press, an imprint by Capstone (2015).
All rights reserved. This Japanese edition distributed and published by
ⒸRikuyosha Co., Ltd, (2015) with the permission of Capstone,
the owner of all rights to distribute and publish same.
Japanese translation rights arranged with Capstone, Minnesota
through Tuttle-Mori Agency, Inc., Tokyo

目　次

1 岩の町：メサ・ヴェルデの発見 ——— 4

2 メサ・ヴェルデを調査する ——— 8

3 古代プエブロ人 ——— 14

4 すて去られたメサ・ヴェルデ ——— 22

5 メサ・ヴェルデの保護 ——— 26

●歴史教育の現場から　鳥山孟郎 ——— 30
　コロンブスがアメリカ大陸にたどりついたころ、
　すでに大陸には人々が住んでいた。

●この本を読んだみなさんへ ——— 32
　みんなで考えてみよう

1

岩の町：メサ・ヴェルデの発見

　1888年12月、アメリカ合衆国コロラド州の南西部。馬にまたがった2人のカウボーイ、リチャード・ウェザーリルとチャールズ・メイソンが、行方不明の牛をさがしまわっていた。このころ、寒い日が続いており、この日も雪が降りしきっていた。馬上の2人は、前方をよく見ることができなかった。

　あたりは、急な崖で囲まれていた。2人は、崖から落ちないように馬を下り、歩くことにした。メサ（崖の上の台地）の端までやってくると、深い谷を見わたせた。けわしく切り立った崖の壁には、アルコーブとよばれる大きなくぼみができ、目をうたがうような光景が、そこにあった。岩でつくられた町が広がっていたのだ。メサ・ヴェルデの発見である。

チャールズ・メイソン

リチャード・ウェザーリル

●考古学豆知識

メサ・ヴェルデとは、スペイン語で「緑の台地」という意味。スペインの探検家たちは、上部が平らで緑の木々が生い茂る高台のようすを見て、このように名づけた。

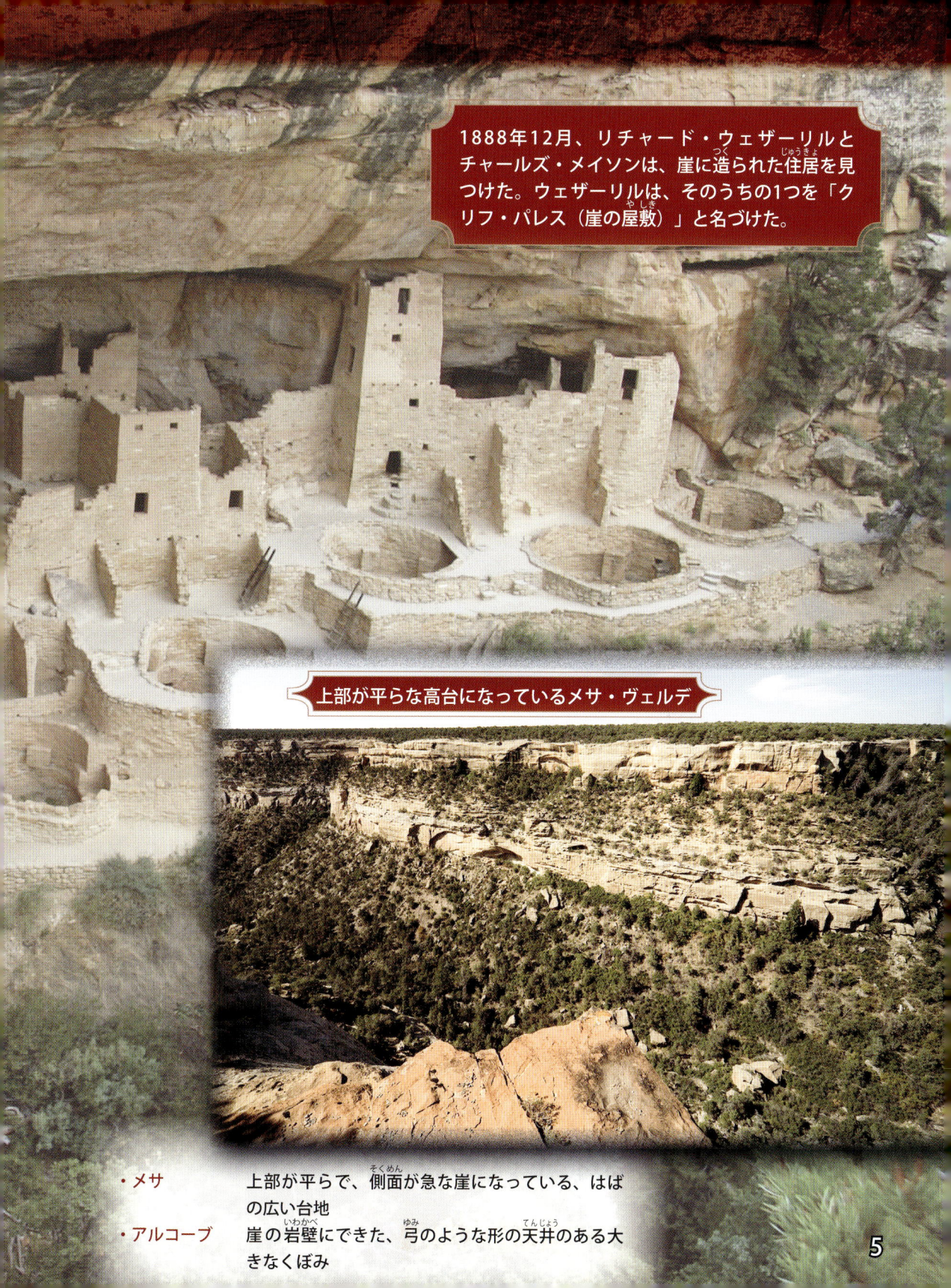

1888年12月、リチャード・ウェザーリルとチャールズ・メイソンは、崖に造られた住居を見つけた。ウェザーリルは、そのうちの1つを「クリフ・パレス（崖の屋敷）」と名づけた。

上部が平らな高台になっているメサ・ヴェルデ

- メサ 　　　上部が平らで、側面が急な崖になっている、はばの広い台地
- アルコーブ 　崖の岩壁にできた、弓のような形の天井のある大きなくぼみ

メサ・ヴェルデをはじめて探検

　ウェザーリルとメイソンは、崖を下りてあたりを探検した。アルコーブの空間には、地面にうめこまれた大きな円形の建物があった。岩でできた穴のような建物だ。建物のうしろ側にはたくさんの小さな部屋があり、アルコーブの天井までとどく、たて長の建物や高い壁もあった。

　多くの部屋には、サンダル、かご、陶器のつぼなどの生活道具がそのまま残されていた。部屋のようすは、身のまわりのものを何ひとつ持たずに、とつぜん住民が出ていってしまったかのようだった。

　そうだとしたら、住民たちは、なぜ、出ていったのだろうか。どこへ、行ったのだろうか。

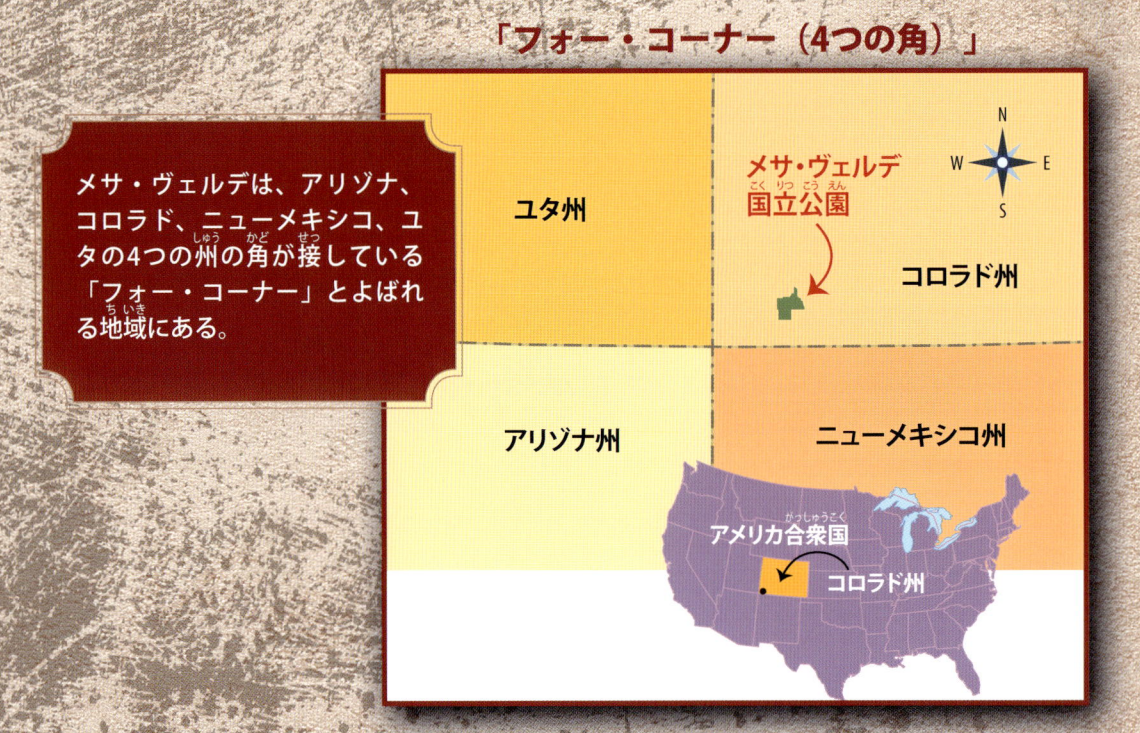

「フォー・コーナー（4つの角）」

メサ・ヴェルデは、アリゾナ、コロラド、ニューメキシコ、ユタの4つの州の角が接している「フォー・コーナー」とよばれる地域にある。

このすばらしい発見を、ウェザーリルとメイソンは、多くの人たちに知らせた。そして、考古学者たちが調査のためにメサ・ヴェルデにやってきた。
　この岩窟住居に住んでいたのがどんな民族か、まだ、だれも知らなかった。メサ・ヴェルデの住民は、自分たちの歴史や文化などの記録を何も残していなかったのである。そこで、考古学者たちは残された住居や遺物の調査を始めた。

- 考古学者　　遺跡や遺物などを発掘して、古代の人々が残した物を調べ、その時代の人々の暮らしや文化を研究する科学者
- 文化　　　　人々の集団の生活様式や、考えかた、美術・風習・伝統などのことで、人間が社会のなかで身につけた生活の仕方の総称
- 遺物　　　　古代の人々が作ったり、使っていた道具や物

写真家ウィリアム・ヘンリー・ジャクソン

　メサ・ヴェルデは、ウェザーリルとメイソンによって広く知られるようになったが、この岩窟住居を発見したのは、2人が初めてではなかった。写真家のジャクソンが、すでにメサ・ヴェルデを撮影していた。2人の発見より14年も前のことである。しかし、なぜか、ジャクソンが撮影した写真は人々に注目されなかった。

岩窟住居を初めて撮影したウィリアム・ヘンリー・ジャクソン

2 メサ・ヴェルデを調査する

　考古学者たちは、メサ・ヴェルデに600もの岩窟住居を発見した。住居は、砂岩という岩石を、土と水と灰のまざり合った泥で固めて造られていた。ほとんどの住居は1部屋から5部屋ぐらいあり、なかにはとても広い部屋もあった。

　「クリフ・パレス」は、メサ・ヴェルデでいちばん大きな住居だ。住民たちの集会所として使われていたのだろうか。クリフ・パレスには、150もの数多い部屋と、**キヴァ**とよばれる岩でできた23もの大きな穴がある。

　キヴァは円形の地下室で、宗教儀式に使ったり、冬の寒さをしのぐために使ったと考えられている。それぞれのキヴァの床には、**いろり**のような火をおこすための穴が掘られ、煙突の役目をする穴もあった。

- **キヴァ**　特別な儀式に使われたと考えられる地下室
- **いろり**　炊事用のかまどとともに、日本でも伝統的な住居には火をみんなで囲む囲炉裏があった。キヴァの穴もそれに似ている

キヴァ

地質学者グスタフ・ノルデンショルド

　スウェーデンの地質学者グスタフ・ノルデンショルドが1891年、メサ・ヴェルデで大がかりな調査をおこなった。クリフ・パレスや多くの住居について科学的な調査を進めた彼は、のちにメサ・ヴェルデの住居について『メサ・ヴェルデ岩窟住居の人々』(The Cliff Dwellers of the Mesa Verde)という本を著している。まだ23歳という若さだった。

グスタフ・ノルデンショルド撮影のクリフ・パレス

たくさんの家、たくさんの部屋

「スプルース・ツリー・ハウス」には、114もの部屋と8つのキヴァがある。キヴァの屋根にはどれも四角い穴が空いている。人々は、この穴にはしごを通し、部屋を出入りしていたと考えられている。スプルース・ツリー・ハウスは、メサ・ヴェルデで3番目に大きな住居だ。

スプルース・ツリー・ハウスのキヴァのなか

考古学者たちは、ほかにも多くの岩窟住居を見つけた。そのなかの3つに、「バルコニー・ハウス」、「スクエア・タワー・ハウス」、「ロング・ハウス」という名前をつけている。メサの上にも、岩と泥でできた、同じような建物が見つかっている。

住民たちは、岩窟で生活を始める前に、このメサの上で650年ものあいだ生活していたと考えられている。

● 考古学豆知識
キヴァの床には、シパプという小さな穴がある。岩窟の住民は、自分たちはこの穴を通って霊界からやってきたのだと信じていた。

↑ シパプ

火をおこす穴の横にあるシパプ
（「小さな穴」という意味）

考古学者たちの発見

　岩窟住居の遺物から住民が何を食べ、何を着ていたか、暮らしのなかで何を使ったかなど、いろいろなことがわかる。考古学者たちは、メサ・ヴェルデでかごや陶器、道具、はきもの、衣服、装身具（アクセサリー）などを発見している。このような物品の多くは、室内や広場で見つかった。いちばん大きな住居のクリフ・パレスでは、トウモロコシの芯がしっくいの壁についているのが発見されている。

　骨からも住民のことがわかる。ごみの山や墓の部屋から人間の全身の骨が発見されている。それを調べると、大人の男の身長は163センチくらい、女は152センチくらいだったことがわかっている。また、ほとんどの住民の寿命は30歳くらいだったという。

メサ・ヴェルデの生活で使われたかご

赤茶色(あかちゃいろ)の絵

　クリフ・パレスのスクエア・タワーでは赤茶色の絵が2つ発見された。1つは、たて長の長方形のなかにジグザグの線が8本描(えが)かれ、もう1つは、たて長の4本線の右側(みぎがわ)から飛び出(で)るようにして短い線がいくつも描かれていた。この2つの絵は、月の動きを表したものだと考えられている。

長方形のなかにジグザグの線が描かれている。

3 古代プエブロ人

　長い間、考古学者たちはこの岩窟住居の住民を「アナサジ」とよんでいたが、現在では「古代プエブロ人」というよびかたが使われている。

　さまざまな学者たちが建物や遺物を研究し、ここの住民がどのような民族なのかをつきとめようとした。そして、住民たちが、プエブロ人の祖先だったことがわかった。

　現在、プエブロ人の多くはニューメキシコ州とアリゾナ州に住んでいる。

　古代プエブロ人は、西暦500年ころからメサ・ヴェルデに住むようになった。それまでの遊牧民の生活をやめてメサの上に定住したのだ。

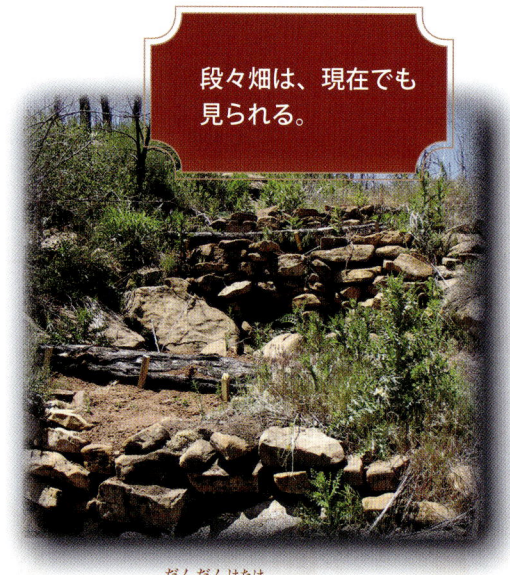

　メサの土壌は、作物を育てるのに向いていた。考古学者たちは、メサの上に段々畑を発見している。段になっている畑は、種をまく平らな面から雨水が逃げずにすむ。古代プエブロ人は、ここでトウモロコシや豆、カボチャ類を作っていたと考えられる。

> 段々畑は、現在でも見られる。

はじめ、古代プエブロ人は、竪穴住居に住んでいた。地面に浅く穴を掘り、屋根は、木を泥でおおうようにして造っていた。西暦700年くらいになると、いくつかの家がつながった形の建物を造るようになった。このつながった家は、プエブロとよばれる。屋根は、石と泥でき平らで、ヴィガスという木の**はり**がある。

- 祖先　　先代より以前の同じ民族の人で、ここでは、大昔にメサ・ヴェルデに生きていた人々
- 遊牧民　食物や水をもとめて移動しながら生活する人々
- 段々畑　丘の側面に作物を育てるために作られた平らな段がいくつもある畑
- はり　　上からの重さを支えるために横にわたした建物の材料。木材が多い

竪穴住居

岩窟に移り住む

　1200〜1250年ごろ、古代プエブロ人のほとんどは、メサの上から出ていくようになった。メサの下にあるアルコーブに移り、そこに同じような住居を建てた。しかし、壁を強くするために泥のなかに小さな石をうめこむ必要があった。

　岩窟の暮らしは、いろいろとむずかしくなった。家を建てるためには、必要な木の幹をかついで、急な崖を下りなければならなかった。メサの上では、なおも作物を育てていたので、作物をとるために急な崖を登らなければならなかった。

> 建物を強くするために泥の中に石をうめこむことを、チンキングという。メサ・ヴェルデの住居では、今でも、泥にうめこまれた石を見ることができる。

では、古代プエブロ人は、なぜ、住む場所を変えたのだろうか。歴史家のなかには、敵から身を守るためだったのではないかと考える人たちがいる。

　岩窟住居の多くには、たて長の高い建物があり、敵に向かって矢をはなつために使われたと考えられる。

　また、メサに住む人々が増えすぎたために、場所を変えたのではないかと考える歴史家もいる。家族と家族の間で争いが起こったのかもしれない。土が、肥沃でなくなり、作物が育たなくなったのが原因となったこともあるだろう。

　いずれにしても、メサの下の岩窟に移り住んだことで、作物を育てる土地は増えていった。

・肥沃　　土に栄養がたくさんあること

> **●考古学豆知識**
>
> メサ・ヴェルデは、海水面から2,100〜2,600メートルくらいの高さにある。夏は、暑くかわいており、冬は、寒く雪がふる。

岩窟での暮らし

　古代プエブロ人の生活は、とてもたいへんだった。それでも、この岩窟で100年ほど、トウモロコシなどの作物を育てながら暮らしていた。

　スプルース・ツリー・ハウスでは、穀物を細かくくだくための平らな石が見つかっている。女の人たちは、毎日何時間もかけてトウモロコシを細かくくだいて粉にし、ピキといううすいパンを作っていたようだ。

　住民はウサギ狩りをし、木の実やベリーを採集した。アルコーブの奥には小さな部屋を作り、かんそうさせた食物を保存してたくわえた。

古代プエブロ人は、平らな石を使ってトウモロコシのつぶを細かくくだいた。

●**考古学豆知識**

メサ・ヴェルデで見つかった人間の頭の骨を調べると、歯がすりへっていた。古代プエブロ人は、砂岩を使ってトウモロコシのつぶをくだいていた。そのことから、考古学者たちは、石の小さなかけらが食べ物にまざり、石のかけらをかんだために、歯がすりへったのだろうと考えている。

また、考古学者たちは、七面鳥の骨を発見している。岩窟の住民たちは、アルコーブの奥にあるおりで七面鳥をかっていた。七面鳥の骨で首かざりが作られて、羽根で、寒い冬にそなえて毛布やマントを作っていた。

メサ・ヴェルデでの暮らし

水

　古代プエブロ人は、飲み水と作物のための水が必要なため、雨や雪どけ水を貯める方法を考え出した。メサ・ヴェルデでは、浅く掘られた大きな穴のようなスペースが4か所見つかっている。かわいた季節にそなえ、水を貯めておくところとして使われていた。

メサ・ヴェルデの貯水場所

古代プエブロ人は、水を貯めておくために陶器のつぼも利用した。この陶器は、白地に黒のもようがあることで知られている。遠くに住む部族が貝がらと古代プエブロ人の陶器を交換したのではないかと考えられる。もっとも近い海からでも、およそ1,300キロメートルもはなれているメサ・ヴェルデで貝がらが発見されたのは、そのためだろう。

プエブロ人の陶器

　古代プエブロ人は、何百年にも渡って陶器を作っていた。白い粘土に黒い絵具で、特別なもようを描き。平行線、三角、点などが、うすい色の粘土に描かれた。粘土を手で形づくったあと、火で焼いて固める。これで陶器は強くなり、なかのものを守ることができる。今でも、陶器の作りかたは変わっていない。

黒の絵具は、植物を煮出したものや、鉄の入った石をくだいたものから作られた。

4 すて去られたメサ・ヴェルデ

　1250年ごろ、何千人もの古代プエブロ人がメサ・ヴェルデに住んでいた。ところが、住民は、しだいにそこを去るようになり、1300年ごろには、メサ・ヴェルデから人がいなくなってしまった。

　古代プエブロ人は、なぜ、突然この住居から出ていったのか、たしかなことはわかっていない。歴史上の謎の1つに数えられている。しかし、いくつかのことが考えられる。

　専門家の多くは、**かんばつ**が起きたために出ていかねばならなかったのではないかと考える。木の年輪から、1275～1300年の間に、メサ・ヴェルデのあたりでひどいかんばつが起きていたことがわかっている。雨がふらなければ作物が育たない。そのために食べ物が不足したのではないかというのである。

　あるいは、敵におそわれたためにこの場所をはなれたということも考えられる。しかし、人間の骨からは、それを証明するものはほとんど見つかっていない。

　それとも、岩窟住居に人が多すぎたためだったのだろうか。食べ物や水のことで家族と家族の間で争いが起きたのかもしれない。

　古代では、食べ物や水などが不足しだすと住む場所を移動することは、住民たちにとってめずらしいことではなかった。

・かんばつ　　雨がほとんど、または、まったく降らない期間が長く続くこと

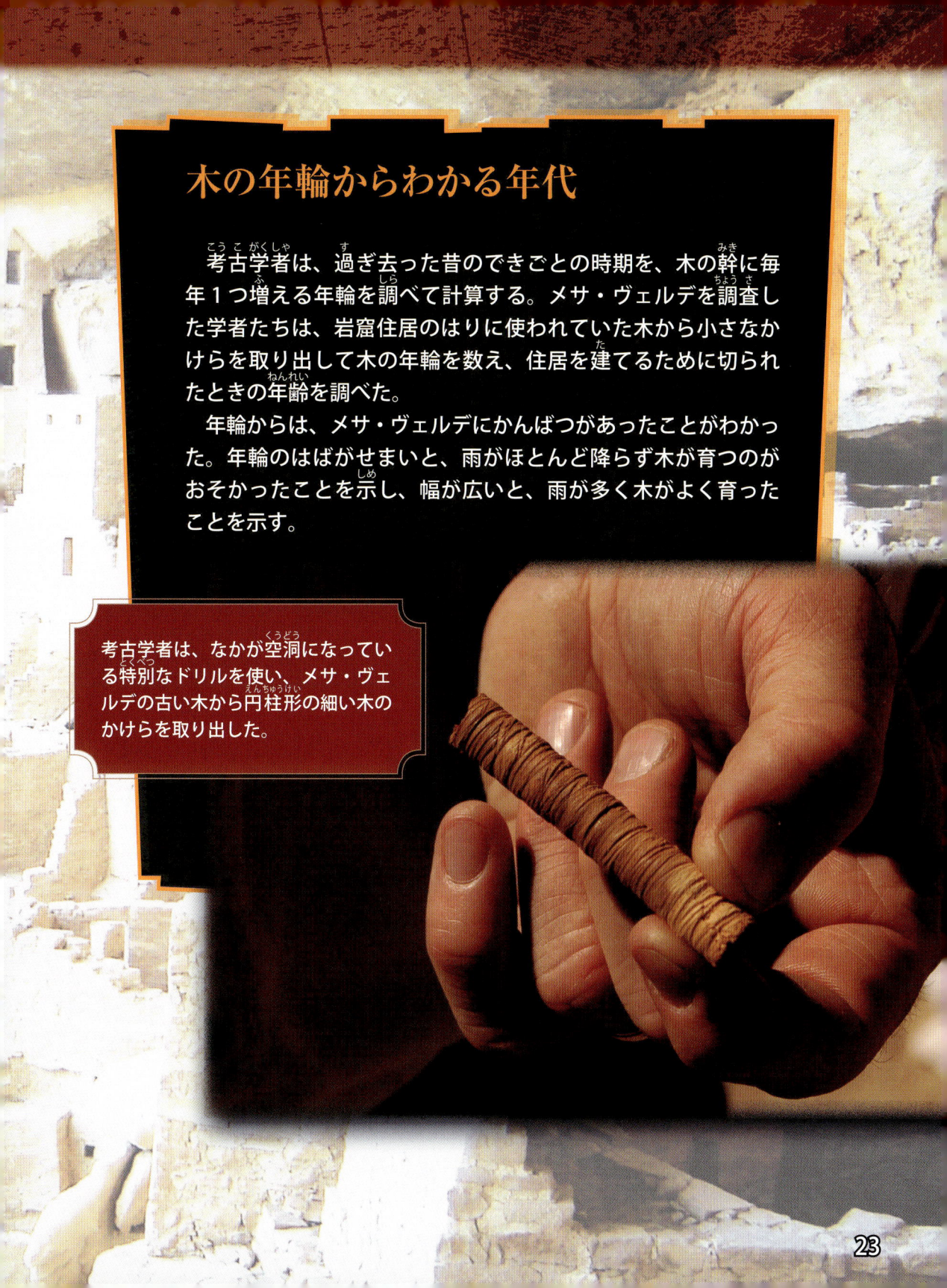

木の年輪からわかる年代

　考古学者は、過ぎ去った昔のできごとの時期を、木の幹に毎年1つ増える年輪を調べて計算する。メサ・ヴェルデを調査した学者たちは、岩窟住居のはりに使われていた木から小さなかけらを取り出して木の年輪を数え、住居を建てるために切られたときの年齢を調べた。

　年輪からは、メサ・ヴェルデにかんばつがあったことがわかった。年輪のはばがせまいと、雨がほとんど降らず木が育つのがおそかったことを示し、幅が広いと、雨が多く木がよく育ったことを示す。

考古学者は、なかが空洞になっている特別なドリルを使い、メサ・ヴェルデの古い木から円柱形の細い木のかけらを取り出した。

住民はどこへ？

　長い間、古代プエブロ人は突然にいなくなったものと思われていた。宇宙人に連れ去られたと考える人までいた。しかし、考古学者は住民が南に移住しただけではないかと考えた。リオ・グランデ川にそった、人がより少ない場所へ移っていったのだと。実際、現在のプエブロ人の多くは、その地域にあたるアリゾナ州とニューメキシコ州に住んでいる。

・移住　　ある場所からある場所へと住む場所を変えること

●考古学豆知識

宇宙人に連れ去られたといううわさは、アメリカの有名なテレビ番組『X／エックスファイル』の一話がもととなった。このテレビ番組の登場人物たちは、古代プエブロ人が宇宙人に連れ去られたのではないかと考えていた。この作り話を、本当のこととかんちがいした人たちがいた。メサ・ヴェルデをおとずれる観光客のなかには、宇宙人による連れ去りのことをいまだに公園の係員にたずねる人がいるという。

岩窟住居は森林に囲まれていたため、長い間見つからないままだった。

岩窟住居が、なぜ、500年以上も見つからなかったのかと不思議がる人もいる。しかし、地質学者のグスタフ・ノルデンショルドはそのことに驚かなかった。ノルデンショルドは自分の書いた本のなかで、メサ・ヴェルデを囲む森林は迷路のようだと語っている。あちらこちらで大きな岩が道をふさいでおり、崖も急だった。運がよくなければ、この住居を発見できなかったのだ。

崖が急だったため、古代プエブロ人の住居はなかなか発見されなかった。

5 メサ・ヴェルデの保護

　リチャード・ウェザーリルは、いちばん大きな住居であるクリフ・パレスにたどりついたとき、すごい発見をしたと感じた。それは、家族も同じ思いだった。

　1889年、ウェザーリルの父親は、アメリカ合衆国の首都ワシントンにあるスミソニアン学術協会に手紙を書いてメサ・ヴェルデの保護を願い出た。遺物をぬすんだり、建物をこわしたりする者が現れるのではないかと心配だったからだ。

　1900年、ヴァージニア・マッククラーグとルーシー・ピーボディは、メサ・ヴェルデを保護する目的で「コロラド岩窟住居協会」を設立した。また、メサ・ヴェルデを国立公園にすることをめざして、関係する機関や団体・個人におねがいの手紙を書き、資金集めにものりだした。

● 考古学豆知識

メサ・ヴェルデ国立公園には、毎年50万人以上の観光客がおとずれる。国立公園が開園した1906年、観光客はたったの27人だったが、2011年には約60万人の観光客がおとずれるようになった。

1906年、セオドア・ルーズベルト大統領は、メサ・ヴェルデを国立公園に指定した。古代人の遺物や建物を守るために指定された国立公園は、アメリカ合衆国でここだけだ。現在、メサ・ヴェルデ国立公園では、600の住居と300万以上の遺物が保護されている。
　そして、1978年9月、メサ・ヴェルデはユネスコ（国際連合教育科学文化機関）により世界文化遺産に登録された。

> セオドア・ルーズベルトは、「自然保護の大統領」として知られる。

現在のメサ・ヴェルデ国立公園のようす

　メサ・ヴェルデ国立公園では、いろいろな活動ができ、たくさんの見どころがある。メサの上の「バジャー・ハウス・コミュニティ」では竪穴住居を、「ファー・ビュー」では、プエブロを見ることができる。そして、「シーダー・ツリー・タワー」の近くでは、段々畑まで見ることができるのだ。

　いくつかの岩窟住居は歩いて見学することができる。「クリフ・パレス」、「スプルース・ツリー・ハウス」、「バルコニー・ハウス」の3つの岩窟住居が人気を集めている。また、チャピン・メサ考古学博物館では、古代プエブロ人の生活を知ることのできる遺物が展示されている。

●考古学豆知識

2012年、新しく「メサ・ヴェルデ・ビジター・リサーチ・センター」ができて、現在、ニューメキシコ州とアリゾナ州に住むプエブロ人についての遺物や資料が展示されている。

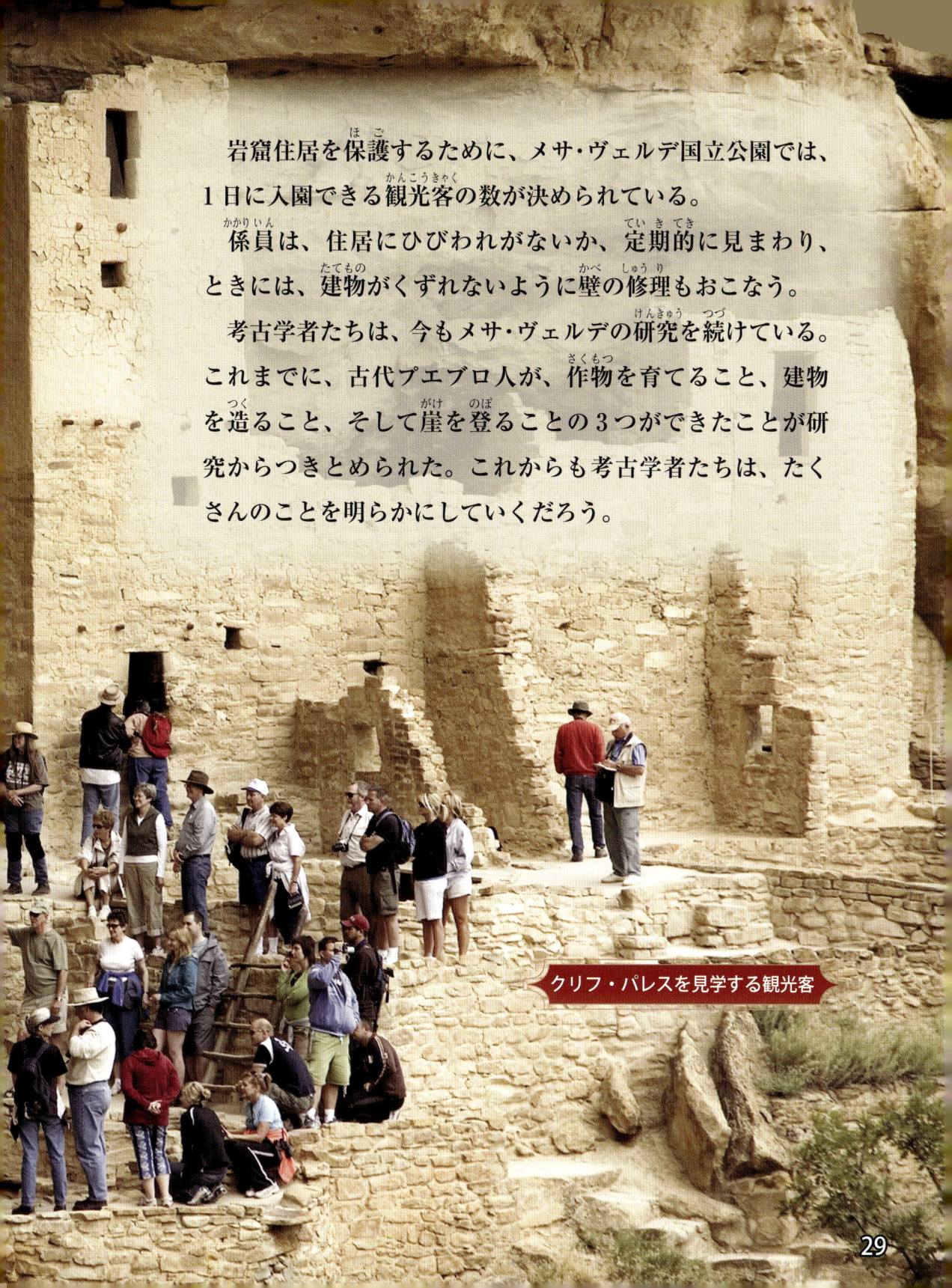

岩窟住居を保護するために、メサ・ヴェルデ国立公園では、1日に入園できる観光客の数が決められている。
　係員は、住居にひびわれがないか、定期的に見まわり、ときには、建物がくずれないように壁の修理もおこなう。
　考古学者たちは、今もメサ・ヴェルデの研究を続けている。これまでに、古代プエブロ人が、作物を育てること、建物を造ること、そして崖を登ることの3つができたことが研究からつきとめられた。これからも考古学者たちは、たくさんのことを明らかにしていくだろう。

クリフ・パレスを見学する観光客

●歴史教育の現場から

コロンブスがアメリカ大陸にたどりついたころ、すでに大陸には人々が住んでいた。

鳥山 孟郎

　13世紀、鎌倉時代、武士たちが北九州の海上に押し寄せたモンゴル軍と戦っていたころ、現在のアメリカ合衆国西部の山間部ロッキー山脈の谷間の断崖に巨大な集落があって何千人もの人々が暮らしていました。

　アメリカ大陸にヨーロッパから人々がわたってきたのは、1492年にコロンブスが来航してからのことです。それ以前からアメリカ合衆国の領域にも人々が住んでいたことを示しているのがメサ・ヴェルデの遺跡です。

　アメリカ大陸に人々が住むようになったのは、約3万年前のことでした。当時は、アメリカ大陸とアジア大陸をへだてるベーリング海峡が陸地になっていて、人々は、マンモスなどの大型獣を追ってアジア大陸から東に移動して来ました。かれらの子孫の一部は、1万年前には南アメリカの南端にまで達しています。

　ところが、イギリスなどからやってきた開拓民たちは先住民を「インディアン」とよんでさげすみ、邪魔者あつかいをして、銃の力で先住民が生活する土地を奪い取って開拓を進めていき

ました。そのために先住民は、大西洋岸の肥沃な平野地帯から追い出されて、西部の乾燥した山間部に移住し、東部での先住民の過去の生活の痕跡も失われていきました。

　生活の場を奪われた先住民たちは、各地で武器を取って抵抗しましたが、いずれも合衆国の軍隊によって鎮圧され虐殺されました。このメサ・ヴェルデの遺跡が「発見」された1888年は、合衆国が先住民を自分たちの国民として認めて、強制的な同化政策を開始した年でした。

　この遺跡は、先住民の過去の生活を知ることのできる貴重なものとして、現在は、国立公園に指定されて考古学博物館も設置されています。台地から谷に下りる断崖の岩壁に弓を横においたように見える大きなくぼみがあり、そのなかに岩と土で造られた大小さまざまな600の建物が立ち並んでいます。建物のなかには、当時の生活をしのばせる食料や日用品などが残されていました。墓からは人骨も発見されました。

　アメリカ大陸には、もともと米や麦はなく、ブタや羊もいませんでした。そこに暮らす人々は、何を食べて何を着て暮らしていたのでしょうか。どのような技術を持っていたのでしょうか。その後、まもなく誰も住まなくなったのは、なぜでしょうか。その子孫は、どこへ行ってしまったのでしょうか。残された遺物が、そのなぞを解き明かしてくれるでしょう。

◉この本を読んだみなさんへ

みんなで考えてみよう

1. 考古学者のなかには、メサに人が増えすぎたために古代プエブロ人の生活を変えたと、考える人々がいます。なにが、変わったのでしょうか。
   変わったのは、メサに人が増えすぎたからだと思いますか。それとも、ほかのことが原因でしょうか。それは、なぜですか。

2. 12、13ページの「考古学者たちの発見」は、なぜ、重要なのでしょうか。どの発見からいちばん多くの情報を知ることができたのでしょうか。
   この2ページに書かれている内容をよく読んで、自分の考えをまとめてみましょう。

3. 22〜25ページを読んで、古代プエブロ人がなぜメサ・ヴェルデを出ていったのかを考えてみましょう。
   この本の著者はどのような考えだと思いますか。それは、なぜですか。どこを読んで、そう思いましたか。

著者・執筆者プロフィール

ゲイル・フェイ（Gail Fay）
1988年、カリフォルニア州立大学ロサンゼル校（UCLA）卒業。ロサンゼルス・バプテスト中高等学校教諭を経てコピー・エディター、ノンフィクション＆フィクション作家として活躍する。主に児童やYA読者に向けて社会科学や歴史、地理に関わる執筆活動をつづける。主な著書に"American Biographies"、"Battles of the World"などがある。

ベンジャミン・R・クラハト（Benjamin R.Kracht）
人類学博士。米国オクラホマ州立ノースイースタン大学チェロキー族・先住民族学科長。

鳥山孟郎（とりやま・たけお）
1941年生まれ。都立高校世界史教諭ののち青山学院大学、首都大学東京、東京学芸大学大学院で地歴科教育法を講じる。比較史・比較歴史教育研究会、歴史教育者協議会、日韓教育実践研究会に参加。主な著作に『授業が変わる世界史教育法』『考える力を伸ばす世界史の授業』『歴史的思考力を伸ばす授業づくり』（いずれも青木書店）などがある。

・日本語版デザイン　㈲ニコリデザイン／小林健三
・訳出協力　Babel Corporation／パリジェン・聖絵

世界遺産◎考古学ミステリー
メサ・ヴェルデのひみつ
古代プエブロ人の岩窟住居

2015年9月28日 初版第1刷

著　者──ゲイル・フェイ
指　導──ベンジャミン・R・クラフト
編　訳──六耀社編集部
発行人──圖師尚幸
発行所──株式会社 六耀社
　　　　東京都江東区新木場2-2-1 〒136-0082
　　　　電話 03-5569-5491
印刷所──シナノ書籍印刷 株式会社
ⓒ 2015 Capstone Press and Rikuyosha Co., Ltd.
ISBN978-4-89737-800-8
NDC 202　32 p 23.5 cm
Printed in Japan

本書の無断転載・複写は、著作権法上での例外を除き、禁じられています。
落丁・乱丁本は、送料小社負担にてお取り替えいたします。